Este livro vai contar a história do(a)

_____

até seus 5 anos.

Capítulo 1

Antes de nascer

Esta é a sua árvore genealógica. Aqui, falamos um pouco sobre a origem da sua família.

_____
_____
_____
_____

SEUS PAIS

[Foto 7x9cm] [Foto 7x9cm]

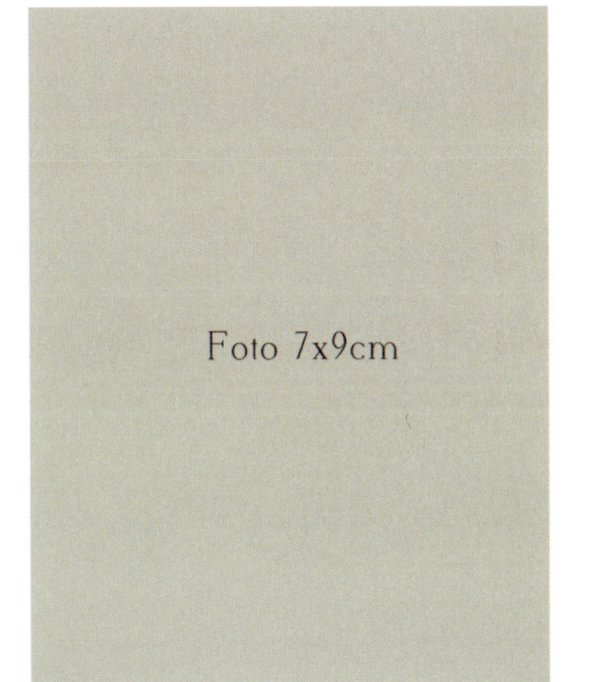

Aqui, reservamos um espaço carinhoso para contar como nós, seus pais, nos conhecemos, acompanhado por fotos que retratam nossa jornada desde os primeiros momentos juntos até as expectativas que antecederam ansiosamente a sua chegada.

_____
_____
_____
_____
_____
_____

GRAVIDEZ

Este espaço foi feito para registrar os momentos especiais da gravidez, desde a descoberta até os preparativos para a sua chegada:

_____
_____
_____
_____
_____
_____
_____
_____
_____
_____
_____

Descobrimos que você era ( ) menino ( ) menina assim:

_____
_____
_____
_____
_____
_____

Escolhemos com muito amor seu nome:_____
_____

GRAVIDEZ
Primeiro Trimestre (1 – 12 semanas)

Cole aqui uma foto de cada mês.

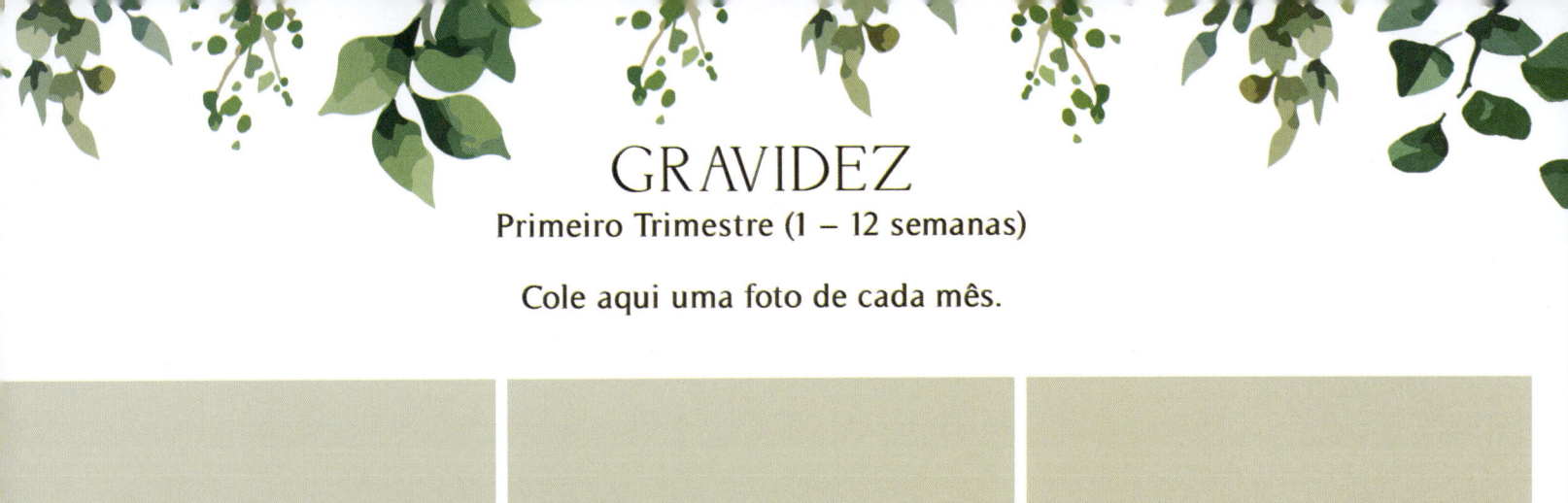

Foto 7x9cm	Foto 7x9cm	Foto 7x9cm
1º mês	2º mês	3º mês

GRAVIDEZ
Segundo Trimestre (13 – 27 semanas)

Cole aqui uma foto de cada mês.

Foto 7x9cm	Foto 7x9cm	Foto 7x9cm
4º mês	5º mês	6º mês

_____
_____
_____
_____
_____
_____
_____
_____

Memórias da Gravidez

Neste bolso contém:

GRAVIDEZ
Terceiro Trimestre (28 - 40 semanas)

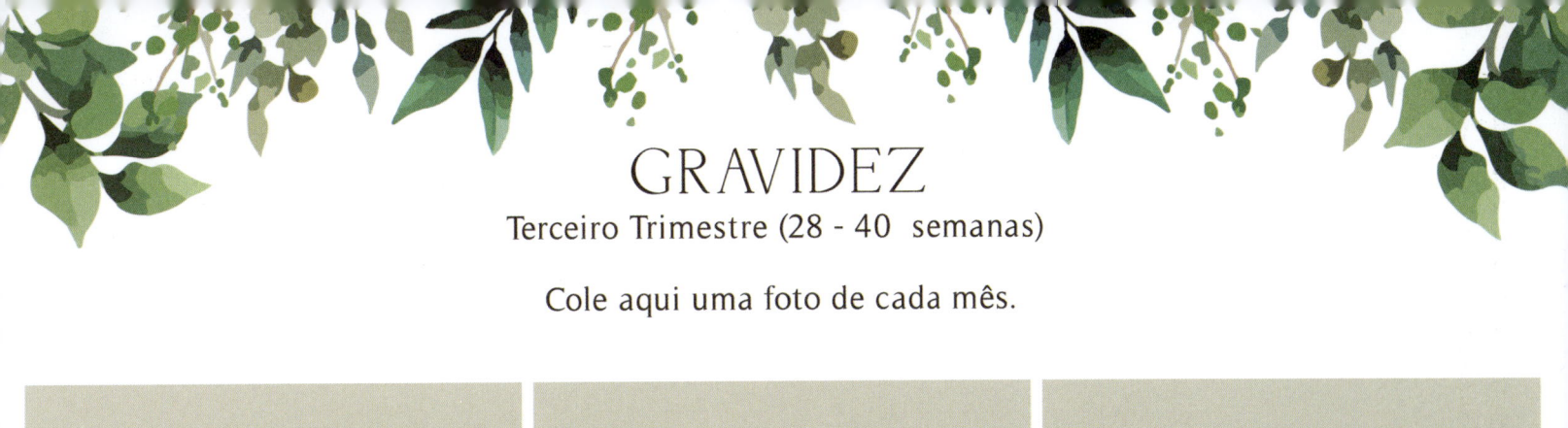

Cole aqui uma foto de cada mês.

| Foto 7x9cm | Foto 7x9cm | Foto 7x9cm |

7º mês	8º mês	9º mês

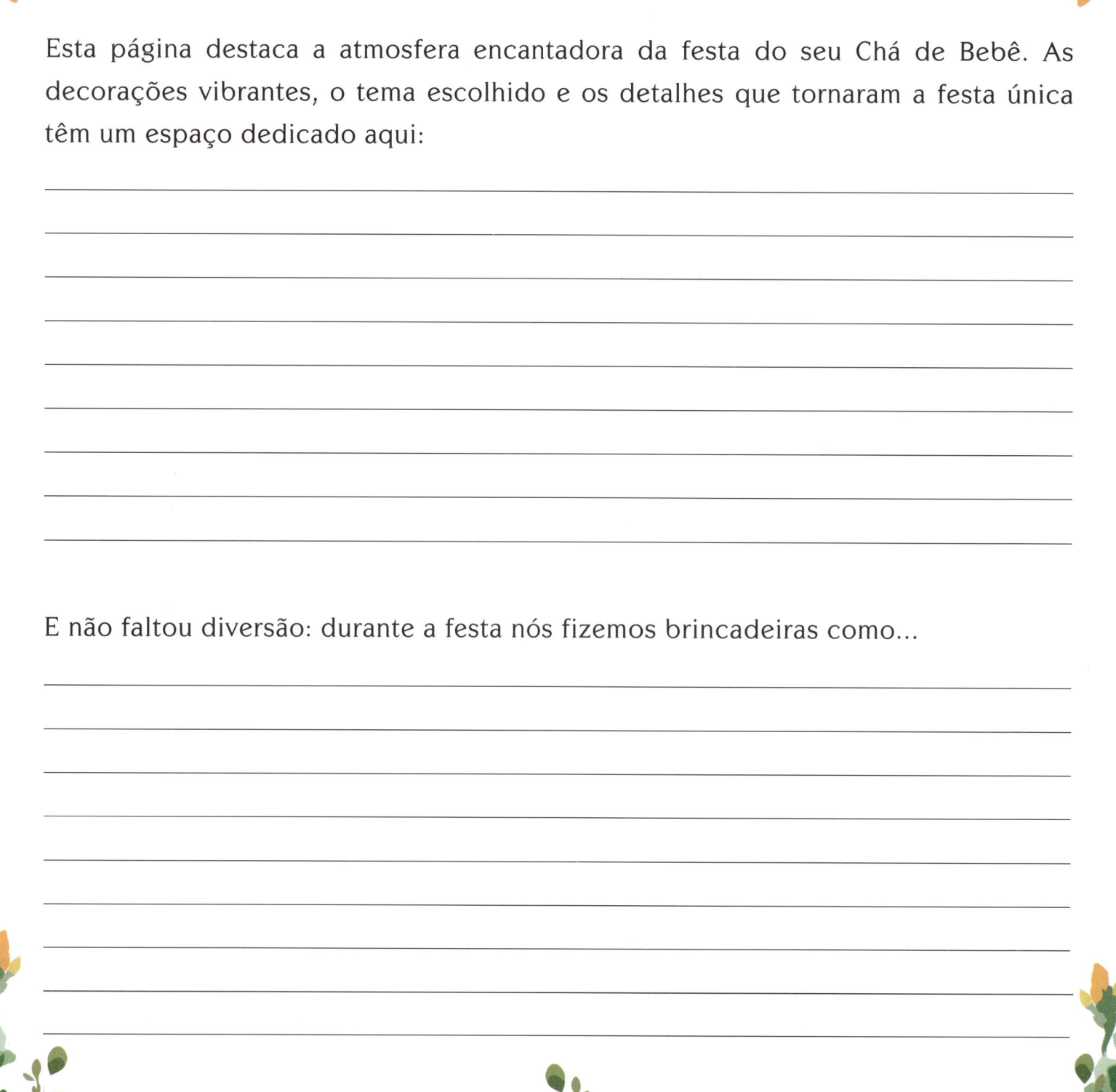

CHÁ DE BEBÊ

Festa

Esta página destaca a atmosfera encantadora da festa do seu Chá de Bebê. As decorações vibrantes, o tema escolhido e os detalhes que tornaram a festa única têm um espaço dedicado aqui:

_____
_____
_____
_____
_____
_____
_____
_____
_____
_____

E não faltou diversão: durante a festa nós fizemos brincadeiras como...

_____
_____
_____
_____
_____
_____
_____
_____

CHÁ DE BEBÊ
Festa

Cole aqui as melhores fotos deste momento.

Foto 15x10cm

Foto 15x10cm

CHÁ DE BEBÊ
Festa

Cada rosto presente na festa é uma parte significativa desta história. Este espaço é reservado para destacar os convidados especiais, as conexões calorosas e os sorrisos que encheram o ambiente durante o Chá de Bebê.

_____
_____
_____
_____
_____
_____
_____
_____

Aqui, documentamos os gestos afetuosos dos amigos e familiares, criando um registro duradouro dos presentes que simbolizam o amor e a antecipação pela sua chegada.

_____
_____
_____
_____
_____
_____
_____

CHÁ DE BEBÊ
Festa

Cole aqui as melhores fotos deste momento.

Foto 15x10cm

Foto 15x10cm

ENXOVAL

Detalhamos aqui cada escolha para criar um quarto aconchegante, desde os móveis até a decoração, proporcionando um ambiente amoroso e seguro para a sua chegada.

_____
_____
_____
_____
_____
_____
_____
_____

Cada acessório tem um propósito especial. Aqui, compartilhamos os detalhes dos acessórios cuidadosamente selecionados para complementar o seu enxoval:

_____
_____
_____
_____
_____
_____
_____
_____

Cole aqui as melhores fotos deste enxoval.

Foto 15x10cm

Foto 15x10cm

PADRINHOS

Neste espaço, celebramos também a escolha dos padrinhos que estarão ao seu lado em toda a jornada.

Nome dos padrinhos:
_____
_____
_____
_____
_____
_____
_____

Foto 15x10cm

Foto 15x10cm

PADRINHOS

Mensagens carinhosas de seus padrinhos para você:

_____
_____
_____
_____
_____
_____
_____
_____
_____
_____
_____
_____

"O momento mais esperado das nossas vidas está para acontecer. Está difícil controlar a ansiedade em te conhecer, meu bebê!"

| Foto 7x9cm | Foto 7x9cm | Foto 7x9cm |

Últimas fotos na barriga da mamãe!

Capítulo 2

Seu nascimento

SEU NASCIMENTO

Este capítulo emocionante registra o momento mágico em que você chegou ao mundo. Aqui, reservamos espaços para contar a história do dia do seu nascimento.

_____
_____
_____
_____
_____
_____
_____
_____
_____
_____
_____

Suas medidas

Dia do nascimento:_____
Hora do nascimento:_____
Cidade:_____
Hospital:_____
Médico(a) obstetra:_____
Nasci com_____ semanas e_____ dias
Medidas:_____ Peso:_____

Cole aqui as melhores fotos deste momento.

Foto 15x10cm

Foto 15x10cm

SUAS MÃOZINHAS

Carimbe-as aqui!

SEUS PEZINHOS

Carimbe-os aqui!

VISITAS ESPECIAIS

Esta página é dedicada às primeiras visitas que você recebeu com tanto amor no hospital. Cada linha conta a história dos abraços calorosos e dos momentos especiais compartilhados com pessoas queridas.

_____
_____
_____
_____
_____
_____
_____
_____
_____
_____
_____
_____
_____
_____
_____
_____
_____
_____
_____
_____

Lembranças do seu nascimento

Neste bolso contém:

CHEGANDO EM CASA

Este foi o início da nossa jornada juntos em casa. Reservamos um espaço para lhe contar sobre este dia e para a foto dos primeiros momentos em nosso lar.

_____
_____
_____
_____
_____
_____
_____
_____

Foto 15x10cm

SEU PRIMEIRO BANHO

As primeiras experiências são sempre especiais e seu primeiro banho não poderia ser diferente. Seu primeiro banho foi:

_____
_____
_____

Foto 10x15cm

HORA DO SONINHO

Reservamos este espaço para contar como foi sua primeira noite em casa e como era a sua rotina na hora de dormir.

_____
_____
_____
_____
_____
_____
_____

Foto 15x10cm

SEU PRIMEIRO MÊS

Uma lembrança especial:

_____
_____
_____
_____

Seu desenvolvimento/primeiras vezes:

_____
_____
_____
_____

Rotina de sono:

_____
_____
_____

Primeiros passeios:

_____
_____
_____

Suas medidas:

_____
_____

Foto 15x10cm

Cole aqui as melhores fotos deste mês.

Foto 15x10cm

SEU SEGUNDO MÊS

Uma lembrança especial:

_____
_____
_____
_____

Seu desenvolvimento/primeiras vezes:

_____
_____
_____
_____

Rotina de sono:

_____
_____
_____
_____

Primeiros passeios:

_____
_____
_____

Suas medidas:

_____
_____

Foto 15x10cm

Cole aqui as melhores fotos deste mês.

Foto 15x10cm

SEU TERCEIRO MÊS

Uma lembrança especial:

_____
_____
_____
_____

Seu desenvolvimento/primeiras vezes:

_____
_____
_____
_____

Rotina de sono:

_____
_____
_____
_____

Primeiros passeios:

_____
_____
_____

Suas medidas:

_____
_____

Foto 15x10cm

Cole aqui as melhores fotos deste mês.

Foto 15x10cm

SEU QUARTO MÊS

Uma lembrança especial:

_____
_____
_____

Seu desenvolvimento/primeiras vezes:

_____
_____
_____

Rotina de sono:

_____
_____
_____

Primeiros passeios:

_____
_____
_____

Suas medidas:

_____
_____

Foto 15x10cm

Cole aqui as melhores fotos deste mês.

Foto 15x10cm

SEU QUINTO MÊS

Uma lembrança especial:

_____
_____
_____
_____

Seu desenvolvimento/primeiras vezes:

_____
_____
_____
_____

Rotina de sono:

_____
_____
_____
_____

Primeiros passeios:

_____
_____
_____

Suas medidas:

_____
_____

Foto 15x10cm

Cole aqui as melhores fotos deste mês.

Foto 15x10cm

SEU SEXTO MÊS

Uma lembrança especial:
___
___
___
___

Seu desenvolvimento/primeiras vezes:
___
___
___
___
___

Rotina de sono:
___
___
___
___

Primeiros passeios:
___
___
___
___

Suas medidas:
___
___

Foto 15x10cm

Cole aqui as melhores fotos deste mês.

Foto 15x10cm

HORA DE COMER

Chegou a hora de experimentar novos sabores! Registramos aqui suas reações e nossas emoções.

_____
_____
_____
_____
_____
_____
_____

Os primeiros alimentos que você comeu foram....

_____
_____
_____
_____

Suas conquistas durante as refeições eram segurar a colher, beber do copinho...

_____
_____
_____
_____

Os alimentos que você mais gostava e os que menos gostava eram...

_____
_____
_____
_____
_____

Foto 15x10cm

Foto 15x10cm

Cole aqui as melhores fotos deste momento.

SEU SÉTIMO MÊS

Uma lembrança especial:

Seu desenvolvimento/primeiras vezes:

Rotina de sono:

Primeiros passeios:

Suas medidas:

Foto 15x10cm

Cole aqui as melhores fotos deste mês.

Foto 15x10cm

SEU OITAVO MÊS

Uma lembrança especial:
_____
_____
_____
_____

Seu desenvolvimento/primeiras vezes:
_____
_____
_____
_____

Rotina de sono:
_____
_____
_____
_____

Primeiros passeios:
_____
_____
_____

Suas medidas:
_____
_____

Foto 15x10cm

Cole aqui as melhores fotos deste mês.

Foto 15x10cm

SEU NONO MÊS

Uma lembrança especial:

_____
_____
_____
_____

Seu desenvolvimento/primeiras vezes:

_____
_____
_____
_____

Rotina de sono:

_____
_____
_____
_____

Primeiros passeios:

_____
_____
_____

Suas medidas:

_____
_____

Foto 15x10cm

Cole aqui as melhores fotos deste mês.

Foto 15x10cm

SEU DÉCIMO MÊS

Uma lembrança especial:

___

Seu desenvolvimento/primeiras vezes:

___

Rotina de sono:

___

Primeiros passeios:

___

Suas medidas:

Foto 15x10cm

Cole aqui as melhores fotos deste mês.

Foto 15x10cm

SEU DÉCIMO PRIMEIRO MÊS

Uma lembrança especial:

_____
_____
_____
_____

Seu desenvolvimento/primeiras vezes:

_____
_____
_____
_____

Rotina de sono:

_____
_____
_____
_____

Primeiros passeios:

_____
_____
_____

Suas medidas:

_____
_____

Foto 15x10cm

Foto 15x10cm

Cole aqui as melhores fotos deste mês.

SEUS DENTINHOS

Antes de todos os seus dentinhos nascerem, você adorava alguns mordedores. Eles eram assim:_____
_____
_____
_____

Primeira consulta no dentista:_____
_____
_____
_____

Quando cada dentinho começou a aparecer:

Cole aqui as melhores fotos deste momento.

Foto 10x15cm

Foto 10x15cm

SEU ANIVERSÁRIO

Esta foto lembra os preparativos para a sua festa. Nossas emoções eram:
_____
_____
_____
_____
_____

Foto 10x15cm

Foto 15x10cm

Foto 15x10cm

Uma foto do seu bolo de aniversário e também da "Hora do Parabéns".

Cole aqui as melhores fotos deste dia.

Foto 15x10cm

Foto 15x10cm

SEU ANIVERSÁRIO

Alguns dos presentes especiais que você recebeu:
_____
_____
_____
_____
_____
_____

Amigos e familiares que participaram da sua festa:
_____
_____
_____
_____
_____
_____
_____
_____
_____
_____
_____
_____
_____
_____

SEU PRIMEIRO NATAL

A primeira vez que você viu Papai Noel foi assim:
_____
_____
_____
_____
_____

Vendo as luzes, as decorações e o espírito festivo você:
_____
_____
_____
_____
_____

Foto 15x10cm

Foto 15x10cm

Foto 15x10cm

O registro da sua primeira árvore de Natal.

_____
_____
_____
_____
_____
_____
_____
_____

Em sua primeira Noite de Natal você:

_____
_____
_____
_____
_____
_____
_____
_____
_____

SEU PRIMEIRO NATAL

Registros com a sua família.

Foto 15x10cm

Foto 15x10cm

Capítulo 3

Dos 2 aos 5 anos

REGISTROS DO SEU SEGUNDO ANO

Registramos suas conquistas motoras, entre elas, seus primeiros passos. Temos foto deste momento:

_____
_____
_____
_____

Foto 10x15cm

Suas primeiras palavras foram:
_____
_____
_____

Suas medidas:
_____
_____
_____

Seus passeios:
_____
_____
_____

Progressos na alimentação:
_____
_____

Foto 15x10cm

Algumas fotos das suas primeiras experiências artísticas...

Foto 15x10cm

REGISTROS DO SEU SEGUNDO ANO

Fotos com os seus primeiros amigos.

Foto 10x15cm

Foto 10x15cm

Seus melhores amigos eram:
_____
_____

Suas brincadeiras favoritas eram:
_____
_____

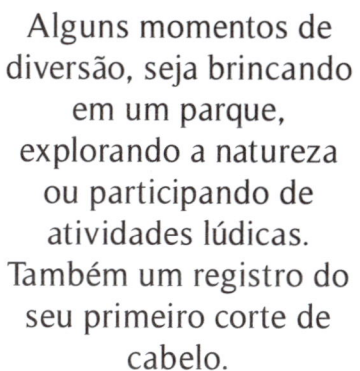

Foto 15x10cm

Foto 15x10cm

Alguns momentos de diversão, seja brincando em um parque, explorando a natureza ou participando de atividades lúdicas. Também um registro do seu primeiro corte de cabelo.

SUA FESTA DE ANIVERSÁRIO DE 2 ANOS

Qual foi o tema da festa?

Alguns presentes especiais que você recebeu:

Amigos e familiares que participaram da sua festa:

Foto 15x10cm

Registre as brincadeiras que aconteceram:

REGISTROS DO SEU TERCEIRO ANO

Aqui, as conquistas: andar de bicicleta, pular, cantar...
_____
_____
_____
_____

Foto 10x15cm

Suas primeiras frases foram:
_____
_____
_____

Suas medidas:
_____
_____
_____

Seus passeios:
_____
_____
_____

Progressos na alimentação:
_____
_____

REGISTROS DO SEU TERCEIRO ANO

Você foi pra escolinha pela primeira vez:

_____
_____

Qual o nome do(a) seu(sua) professor(a)?

_____
_____

O nome da sua escola era:

_____
_____

Uma foto sua na escolinha:

Foto 15x10cm

Seus amigos eram:

_____
_____
_____
_____
_____
_____
_____
_____

SUA FESTA DE ANIVERSÁRIO DE 3 ANOS

Qual foi o tema da festa?

_____
_____

Alguns presentes especiais que você recebeu:

_____
_____

Amigos e familiares que participaram da sua festa:

_____
_____

Foto 15x10cm

Registre as brincadeiras que aconteceram:

_____
_____
_____
_____
_____
_____
_____
_____

Melhores momentos
do seu terceiro ano.

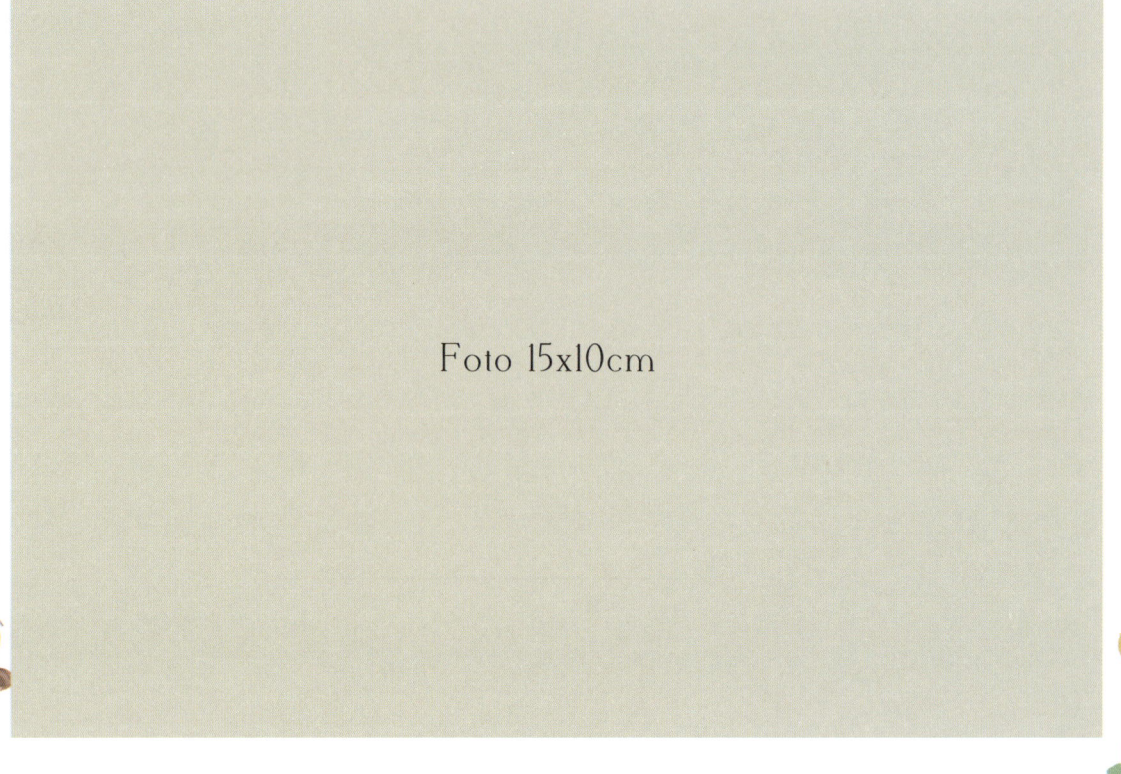

Foto 15x10cm

Foto 15x10cm

REGISTROS DO SEU QUARTO ANO

Suas conquistas: _____
_____
_____
_____
_____

Suas brincadeiras favoritas eram:
_____
_____
_____

Seus passeios:
_____
_____
_____

Suas medidas:
_____
_____
_____

Progressos na alimentação:
_____
_____

Foto 10x15cm

REGISTROS DO SEU QUARTO ANO

Sobre esportes, você praticava...
_____
_____

Seu passatempo favorito era:
_____
_____

Seu brinquedo favorito era:
_____
_____

Uma foto do seu hobby favorito:

Foto 15x10cm

Seu livro favorito na época:
_____
_____
_____
_____
_____
_____
_____

SUA FESTA DE ANIVERSÁRIO DE 4 ANOS

Qual foi o tema da festa?

_____
_____

Alguns presentes especiais que você recebeu:

_____
_____

Amigos e familiares que participaram da sua festa:

_____
_____

Registre as brincadeiras que aconteceram:

_____
_____
_____
_____
_____
_____

Foto 15x10cm

REGISTROS DO SEU QUINTO ANO

Suas conquistas: _____
_____
_____
_____
_____

Foto 10x15cm

Suas brincadeiras favoritas eram:
_____
_____
_____

Seus passeios:
_____
_____
_____

Suas medidas:
_____
_____
_____

Progressos na alimentação:
_____
_____

REGISTROS DO SEU QUINTO ANO

Alguns momentos de diversão, seja brincando em um parque, explorando a natureza ou participando de atividades lúdicas.

Foto 10x15cm

Foto 10x15cm

SUA FESTA DE ANIVERSÁRIO DE 5 ANOS

Qual foi o tema da festa?
_____
_____

Alguns presentes especiais que você recebeu:
_____
_____

Amigos e familiares que participaram da sua festa:
_____
_____

Foto 15x10cm

Registre as brincadeiras que aconteceram:
_____
_____
_____
_____
_____
_____
_____

UMA MENSAGEM ESPECIAL NOSSA PRA VOCÊ

Melhores momentos dos seus primeiros cinco anos.

Foto 15x10cm

Foto 15x10cm

Melhores momentos dos seus primeiros cinco anos.

Foto 10x15cm

Foto 10x15cm

Melhores momentos dos seus primeiros cinco anos.

Foto 15x10cm

Foto 15x10cm